オーブン料理 とっておき
じんわり焼くだけでおいしさ新発見

野口真紀

はじめに

食欲旺盛で育ち盛りの子どもが2人いるわが家のキッチンは、一日中フル稼働。それに、おいしいごはんとお酒を楽しむ時間が大好きな私は、友人をお招きすることも多くて四六時中キッチンに立っています。
そんな私の心強い味方がオーブンなんです。「オーブン料理って敷居が高いし、準備も後片付けも大変そう」。こんな声もよく聞きますが、実はとっても手軽で、いいことずくめ。材料を準備すれば、あとはオーブンにおまかせなので失敗も少なく、焼き時間にもう一品作ったり仕事をしたり。いろいろな食材を並べて焼けばひと皿で栄養バランスが整うし、手間いらずなのに見栄えがするのも魅力です。何よりじっくり焼くことで素材のうまみが引き出され、おいしさも抜群になります。
本書では、これまでに何度も作ったわが家の人気料理から、ブロック肉や一尾魚をダイナミックに焼き上げる一品、野菜のおいしさをそのまま味わう繊細なメニューなど、「とっておき」のオーブンレシピをご紹介しています。ぜひあれこれ試してオーブン料理に親しんでもらえたら、と思います。

野口真紀

Contents

はじめに　02
本書のオーブン料理で使うもの　06
オーブン料理の基本ステップ　07
オーブン料理を楽しむためのポイント　08

PART 1
野口家の大人気グリル＆ロースト

鶏手羽元とプチ野菜のロースト　10
塩豚のハーブグリル　12
スペアリブのマーマレードグリル
　ローズマリーポテト添え　14
チョリソーのパイ焼き　16
しいたけの生ハムのせ焼き　17
ローストビーフ　クレソンサラダ添え　18
ラムのグリル　マッシュポテト添え　19
五香粉焼き豚　20
鶏肉のみそ漬け焼き　21
塩さばのチーズパン粉グリル　22
白身魚の香草焼き　23
鯛の塩釜焼き　24

PART 2
簡単！　重ね焼き＆ぎゅうぎゅう焼き

なすとトマトとズッキーニ、ベーコンの重ね焼き　28
えびのオーブン焼き　サルサソース　30
たことじゃがいものガレシア風　31
野菜いっぱいミートローフ　32・34
シェパーズパイ　33・35
いわしのくるくるしそチーズ巻き　36・38
塩豚バラと根菜のグリル　37・39
パエリア　40・42
ほうれん草とベーコン、きのこのキッシュ　41・43
冬野菜とベーコンのぎゅうぎゅう焼き　44・46
いろいろきのこのアンチョビーグリル　44・46
あさりと香菜の蒸し焼き　45・47
サーモンと野菜の包み焼き　45・47
カレーミートパイ　48
アップルパイ　49
かぼちゃとアボカドの豚バラ重ね焼き　50
たらとブロッコリーのマヨ焼き　51

Column 1
オーブン料理に合うサラダ

いんげんとスナップえんどうのサラダ　52
クレソンとカッテージチーズのサラダ　52
きゅうりの梅じそあえ　53
もやしとちくわのザーサイあえ　53
新玉黄身のっけ　54
マヨみそスティック野菜　54

PART 3
野菜一品でもしみじみおいしい

グリルパプリカのマリネ　56
いろいろ玉ねぎのグリル　58
白菜と紫キャベツのグリル　59
カリフラワーのグリル 黒オリーブソース　60
長いものカレーマヨ焼き　61
かぶのローズマリーソテー　62
小さなかぼちゃのグリル　63
ソフトドライトマト　64
ソフトドライトマトを使って３品　65・66
　ドライトマトの冷製カッペリーニ
　ポークソテー ドライトマトのマリネがけ
　めかじきとドライトマトのピンチョス

PART 4
みんな大好き！ グラタン＆ピザ

えびとほたてのクリームグラタン　68・70
チキンマカロニグラタン　69・71
はりねずみパン　72・74
ベーグルピザ２種　73・75
じゃがいものグラタン パセリバターパン添え　76・78
ドライカレードリア　77・79
チキンライスドリア　77・79
豆腐とリコッタチーズ、ハムのグラタン　80
オニオングラタンスープ　81

Column 2
オーブンで作るデザート

フルーツグリル　82
チョコチップマフィン　84
焼きプリン　85
スイートポテト　86
いちじくのグリル　87

本書のオーブン料理で使うもの

オーブン料理って、なんとなく道具の準備や片付けが
大変そうな印象もありますが、実は、必要なものはいたってシンプル。
ここでは本書のレシピでよく使うグッズをご紹介します。

天板・オーブンシート・アルミホイル

オーブンの天板は正方形か長方形が主流ですが、本書では丸型も使用しています。大きさもいろいろ。本書のレシピではサイズの限定はありませんので、お持ちのものをお使いください。材料を天板に直接のせて焼くときは、オーブンシートを敷くと後片付けがラク。包み焼き（→P.45）にも使えます。さつまいもやかぼちゃをまるごと焼くときなどは、焦げないようにアルミホイルで包みます。

耐熱性の容器いろいろ

グラタンや汁けが出るもの、切った食材をぎゅうぎゅう詰めて焼く料理などは、天板ではなく耐熱容器を使います。グラタン皿のようなオーブン使用可能な陶器のほか、耐熱性のガラスやホーロー、鉄やアルミなど金属製の容器や鍋、持ち手部分まですべて鉄製ならフライパンもOK。デザインの素敵な鍋や小ぶりなフライパンは、そのまま食卓に出せば雰囲気もアップ！洗い物も少なくなって重宝します。

ミトン・鍋敷き・ケーキクーラー

焼き上がった料理をオーブンから出すとき、天板や耐熱容器はとても熱くなっているので、必ずミトンを使います。そのままテーブルなどに移す場合は、鍋敷きの上にのせましょう。また、パイ生地を使う料理（→P.16、P.41、P.48、P.49）などは、焼いたあとにケーキクーラーにのせておくと、湿気がたまらずサクッと仕上がります。これらのグッズはデザインもいろいろなので、好きなもので揃えると楽しいですね。

オーブン料理の基本ステップ

オーブン料理の基本は、「具材を準備して→並べて→焼く」だけなんです。
だから他の調理法より失敗が少なくて、むしろ料理初心者にもおすすめ。
ここでは調理の基本のステップをまとめました。

＜天板を使う料理＞

1 かたまり肉に下味をもみ込んでねかせておいたり、野菜を切って味をつけたり、焼く材料の準備をします。

2 天板にオーブンシートを敷きます。天板よりひと回り大きく切って天板にのせ、側面に沿って立ち上げます。

3 具材を天板にのせます。ムラ焼けの心配はあまりありませんが、火の通りにくいものはなるべく重ならないように並べます。

＜耐熱容器を使う料理＞

1 具材を切ったり味つけしたり、炒めるなどの調理をして、焼く材料の準備をします。

2 調理した具材を耐熱容器に入れます。同じ具材がかたよらないよう均等に。

3 具材を入れた耐熱容器を天板に並べて焼きます。

オーブン料理を楽しむためのポイント

オーブン料理で使うグッズや基本のステップがわかったら、
いよいよ調理スタートです！ でもちょっとその前に、
知っておくと安心な温度や焼き加減などのポイントをお話しします。

オーブンの温度と焼き時間

オーブンには、主にガスオーブンと電気オーブンがありますが、本書ではガスオーブンを使う場合の温度と焼き時間でご紹介しています。一般的にガスオーブンは電気オーブンより庫内の温度が上がりやすくて熱量も大きいので、電気オーブンをお使いの場合は、レシピに記載されている温度より、10〜20℃くらい高めに設定してみましょう。ただ、お持ちの機種や使用年数、さらには個体差によって熱のまわり方なども違うので、レシピの温度と焼き時間を目安にしながら、まずはオーブン料理に親しんで、自分のオーブンのクセを知るのがポイントです。

オーブンの予熱

オーブンはレシピに記載されている温度に予熱してから使用しましょう。予熱の方法や予熱にかかる時間はオーブンによって違うので、お使いのオーブンの説明書を確認してください。また、本書のレシピに記載されている焼き時間は、庫内に料理を入れてからの時間です。予熱時間は含んでいませんのでご注意ください。

焼き加減の調整

前述のようにオーブンには個体差があるので、もしレシピの温度と焼き時間で加熱しても焼きが足りなかった場合、特にブロック肉などは、一度切ってみて十分に焼けていなかったら、再び庫内に入れて同じ温度で数分間焼いてください。このとき、表面が焦げてしまいそうならアルミホイルをかぶせましょう。また、グラタンなど、具材にある程度火が通っていて、表面に焼き色をつけたい料理は、熱源に近いオーブンの上段で焼くと、こんがりとおいしそうに仕上がります。本書のレシピにも記載していますので、参考にしてください。

天板と耐熱容器のサイズ

本書のレシピでは、使用する天板や耐熱容器のサイズは限定していませんが、白身魚の香草焼き(→P.23)や鯛の塩釜焼き(→P.24)など、お魚を丸ごと焼くときなどは、お使いのオーブンの天板のサイズを確認しましょう。また、せっかくお気に入りの耐熱容器を見つけても、天板にのらないとオーブン料理に使えないので、チェックしてください。

＊この本の決まりごと＊

○オーブンの予熱や、肉に下味をもみ込んでねかせておくなど、時間のかかる工程は「下準備」として記載しています。
○温度と焼き時間はレシピにも記載していますが、ひと目でわかるようにアイコンにしています。
○小さじ1は5㎖、大さじ1は15㎖、1カップは200㎖です。
○にんにく1片、しょうが1かけとは、親指の先ほどの大きさを目安にしています。
○オリーブオイルはエキストラ・バージン・オリーブオイルを使用しています。
○コンロの火加減や加熱時間は目安です。様子を見て調節してください。
○作り方の写真掲載ページの「Before」とは、オーブンに入れる前の状態を示す写真です。

PART 1

肉も魚もガッツリ焼き上げ！

野口家の大人気グリル＆ロースト

鶏手羽元とプチ野菜のロースト

材料をひと皿に詰めてこんがり焼く「ぎゅうぎゅう焼き」は、野口家の人気料理。
しっかりと味をもみ込んだ、骨つき鶏肉のうまみが全体に広がります。

180°C
30~40min

材料(2〜3人分)

鶏手羽元 … 10〜12本

A ┌ にんにく(みじん切り) … 1片分
  │ しょうゆ … 大さじ3
  │ はちみつ … 大さじ2
  └ 塩・粗びき黒こしょう … 各適量

プチトマト … 8〜9個
ブラウンマッシュルーム … 6個
ヤングコーン … 4本

B ┌ 塩・粗びき黒こしょう … 各適量
  └ オリーブオイル … 大さじ2

下準備

- 鶏手羽元はキッチンペーパーで水けをふきとる。ジッパーつき保存袋に**A**を入れて混ぜ、鶏手羽元を加えて袋の上からよくもみ込み、冷蔵庫で半日〜2日おく(a)。途中で再びもみ、味をなじませる。
- オーブンは180℃に予熱する。

1 具材に下味をつける

ボウルにプチトマト、マッシュルーム、ヤングコーンを入れ、**B**を加えて全体を混ぜる(b)。

2 耐熱容器に入れる

耐熱容器に**1**を入れ、空いているところに下味をつけた鶏手羽元を加える(c)。

3 焼く

180℃のオーブンで30〜40分焼く。

塩豚のハーブグリル

豚肉は冷蔵庫で2～3日ねかせておいてもOK。
熟成されて、ちょっと違う味を楽しめます。
にんにくは切らずに丸ごと蒸し焼きでも。

180℃
40～50min

材料(2〜3人分)

豚肩ロースブロック肉 … 500g

A
- タイム … 3〜4枝
- にんにく(薄切り) … 2片分
- 塩 … 大さじ1/3
- 粗びき黒こしょう … 適量
- オリーブオイル … 大さじ2

にんにく … 2株

下準備
- 豚肉はキッチンペーパーで水けをふきとる。ジッパーつき保存袋に**A**を入れて混ぜ、豚肉を加えて袋の上からよくもみ込み、冷蔵庫で半日〜3日おく(**a**)。途中で再びもみ、味をなじませる。
- オーブンは180℃に予熱する。

1 具材を切る

にんにくは皮つきのまま横半分に切る(**b**)。

2 天板に並べて焼く

天板にオーブンシートを敷いて、下味をつけた豚肉と**1**を並べ、180℃のオーブンで40〜50分焼く。

3 豚肉を切る

豚肉の粗熱がとれたら、食べやすい厚さに切っていただく(**c**)。

<Before>

スペアリブのマーマレードグリル
ローズマリーポテト添え

漬けて焼くだけなのに豪華なこのメニューは
人が集まるときの定番。じゃがいもは
オイルコーティングしてほっくり焼き上げます。

180°C
40〜50min

材料（2〜3人分）

スペアリブ … 800g

A
- マーマレード・しょうゆ … 各大さじ2
- おろしにんにく … 2片分
- おろししょうが … 2かけ分
- 塩・粗びき黒こしょう … 各適量

じゃがいも … 小7個

ローズマリー … 2枝

B
- にんにく（みじん切り）… 1片分
- 塩・粗びき黒こしょう … 各適量
- オリーブオイル … 大さじ2

下準備

- スペアリブはキッチンペーパーで水けをふきとる。ジッパーつき保存袋にAを入れて混ぜ、スペアリブを加えて袋の上からよくもみ込み、冷蔵庫で半日〜2日おく（a）。途中で再びもみ、味をなじませる。
- オーブンは180℃に予熱する。

1 具材に下味をつける

ボウルに皮つきのまま半分に切ったじゃがいもと、ざく切りにしたローズマリーを入れ、Bを加えて手でよく混ぜる（b）。

2 天板に並べる

天板の2/3にアルミホイルを敷いて端を少し立ち上げ、下味をつけたスペアリブを並べる。残りのスペースに同様にアルミホイルを敷いて1を並べる（c）。

3 焼く

180℃のオーブンで40〜50分焼く。

<Before>

200℃
20min

チョリソーのパイ焼き

週末のランチなどによく作るこの料理は、子どもたちの大好物！
1人3本はぺろりと食べちゃいます。ソーセージはお好みのもので。

材料（2〜3人分）

チョリソー…6本
冷凍パイシート（20×20cm）…1枚
卵黄…1個分
粗びき黒こしょう…適量

下準備

- 冷凍パイシートは半解凍する（解凍しすぎると扱いづらいので、包丁で切れる程度に）。
- オーブンは200℃に予熱する。

1 パイを巻く

パイシートは包丁で1cm幅くらいに切り、チョリソーにらせん状にくるくると巻きつける。

2 天板に並べる

天板にオーブンシートを敷いて1を並べ、表面に溶いた卵黄をスプーンなどで塗り、黒こしょうをふる。

3 焼く

200℃のオーブンで20分焼く。

200℃
15〜20min

しいたけの生ハムのせ焼き

生ハムとしいたけのうまみに、カリッと焼いたパン粉の食感が相まって
お酒好きにはたまらない温菜です。生ハムをベーコンにしても。

材料(2〜3人分)
生しいたけ … 5個
生ハム … 4〜5枚
A ┃ にんにく(みじん切り)… 1片分
　┃ パセリ(みじん切り)… 大さじ1
　┃ 塩・粗びき黒こしょう … 各適量
　┗ オリーブオイル … 大さじ1
パン粉 … 小さじ5

下準備
・オーブンは200℃に予熱する。

1 具材を下ごしらえする
しいたけの軸と生ハムはみじん切りにし、Aとともに
ボウルに入れ、よく混ぜ合わせる。

2 耐熱容器に入れる
しいたけのかさに1を等分して詰め、耐熱容器に入れ
てパン粉を散らす。

3 焼く
200℃のオーブンで15〜20分焼く。

190℃ / 20min

ローストビーフ クレソンサラダ添え

何かと忙しい年末年始に、ほったらかしで作れるごちそう料理。ロゼ色の焼き上がりになるよう試行錯誤した渾身のレシピです!

材料(2〜3人分)

- 牛ももブロック肉 … 500g
- A
  - 塩 … 小さじ1/2
  - 粗びき黒こしょう … 適量
  - オリーブオイル … 大さじ2
- オリーブオイル … 大さじ1
- 岩塩・黒粒こしょう … 各適量
- クレソンサラダ … 適量

下準備

- 牛肉はキッチンペーパーで水けをふきとる。ジッパーつき保存袋に入れ、Aを加えて袋の上からよくもみ込む。冷蔵庫で3時間〜半日おき、調理前に常温にもどす。
- オーブンは190℃に予熱する。

1 牛肉を焼く

フライパンにオリーブオイルを熱し、下味をつけた牛肉の表面を強火でしっかりと焼く。天板にオーブンシートを敷いて牛肉をのせ、190℃のオーブンで20分焼く。

2 肉汁を落ち着かせる

そのまま庫内に10分ほどおいて余熱で火を通す。天板ごと取り出してさらに1〜2時間おき、肉汁を落ち着かせる。食べやすい厚さに切って器に盛り、好みで岩塩や黒粒こしょうを添え、クレソンサラダと一緒にいただく。

---

mini recipe

*クレソンサラダの材料と作り方 (2〜3人分)

クレソン2束は食べやすく切って器に盛り、混ぜ合わせたバルサミコ酢・オリーブオイル各大さじ1、塩・こしょう各適量を加えてあえる。

200°C / 20min

ラムのグリル マッシュポテト添え

自宅でレストラン気分を味わえるラム料理。ブロック肉は、前もって肉屋さんに注文しておき、素朴な味わいのマッシュポテトと合わせます。

材料(2〜3人分)
- ラムチョップ(ブロック)…8本分
- A
  - ガーリックパウダー…小さじ2
  - 塩…小さじ1
  - 粗びき黒こしょう…適量
  - オリーブオイル…大さじ1
- マッシュポテト(→P.35)…適量

下準備
- ラムチョップはキッチンペーパーで水けをふきとる。バットに入れてAをよくもみ込み、室温で30分ほどおく。
- オーブンは200℃に予熱する。

1 天板にのせて焼く
天板にオーブンシートを敷いて、下味をつけたラムチョップをのせ、200℃のオーブンで20分焼く。

2 余熱で火を通す
そのまま庫内に10分ほどおいて余熱で火を通す。器に盛り、マッシュポテトを添える。

180℃ / 40min

五香粉焼き豚
ウーシャンフェン

本格的な中華の味を再現したくて、五香粉と紹興酒をきかせました。
ラーメンやチャーハンの具にもなるので、作っておくと便利です。

材料(2〜3人分)
豚肩ロースブロック肉…500g
A ┌ おろしにんにく…1片分
　├ おろししょうが…1かけ分
　├ 五香粉…小さじ1
　├ しょうゆ・紹興酒…各大さじ2
　└ 砂糖・はちみつ・ごま油…各大さじ1
白髪ねぎ・香菜(ざく切り)…各適量

下準備
- 豚肉はキッチンペーパーで水けをふきとる。ジッパーつき保存袋にAを入れて混ぜ、豚肉を加えて袋の上からよくもみ込み、冷蔵庫で半日〜2日おく。途中で再びもみ、味をなじませる。漬けだれはとっておく。
- オーブンは180℃に予熱する。

1 天板にのせて焼く
天板にオーブンシートを敷いて、下味をつけた豚肉をのせ、180℃のオーブンで40分焼く。粗熱がとれたら食べやすい厚さに切り、器に盛る。

2 たれを作る
とっておいた漬けだれはフライパンに入れて煮詰める。1にかけ、白髪ねぎと香菜を添える。

180℃ / 30min

鶏肉のみそ漬け焼き

みそとにんにくが香ばしいしっかり味で、ごはんに合うおかず。
漬けておけば、あとはオーブンに入れるだけなので、お弁当にも大活躍。

材料（2〜3人分）

鶏もも肉…2枚
A ┌ おろしにんにく…2片分
　├ みそ・みりん…各大さじ2
　├ 酒…大さじ1
　└ 砂糖・しょうゆ…各大さじ1/2
青じそ（せん切り）…適量

下準備

- 鶏肉はひと口大に切る。ジッパーつき保存袋にAを入れて混ぜ、鶏肉を加えて袋の上からよくもみ込み、冷蔵庫で半日〜2日おく。途中で再びもみ、味をなじませる。
- オーブンは180℃に予熱する。

1 天板に並べる

天板にオーブンシートを敷いて、下味をつけた鶏肉を並べる。

2 焼く

180℃のオーブンで30分焼く。器に盛り、青じそをのせる。

200°C / 20min

塩さばのチーズパン粉グリル

魚介と野菜を組み合わせ、粉チーズとパン粉をかけて焼く料理は簡単なのに美味！
これは塩さばと玉ねぎの塩けと甘みのハーモニーを楽しむ一品です。

材料（2〜3人分）
塩さば（半身）… 2枚
玉ねぎ … 小1個
A ┌ にんにく（みじん切り）… 1片分
　├ パルメザンチーズ（粉）… 大さじ1
　├ パン粉 … 大さじ2
　└ 塩・粗びき黒こしょう … 各適量
オリーブオイル … 大さじ1〜2
パセリ（みじん切り）… 適量

下準備
・オーブンは200℃に予熱する。

1 具材を切る
塩さばはひと口大に切り、玉ねぎは1cm厚さの輪切りにする。

2 耐熱容器に入れる
耐熱容器に1の塩さばと玉ねぎを隣り合うように並べ、よく混ぜ合わせたAを全体に散らし、オリーブオイルを回しかける。

3 焼く
200℃のオーブンで20分焼き、パセリを散らす。

180℃ / 25〜30min

白身魚の香草焼き

お魚を丸ごと一尾焼き上げる豪快さが好きで
よく作ります。ハーブのおかげで臭みもなく、
ふっくら焼けた白身魚は絶品です。
さわらや金目鯛でも。

材料（1尾分）

いさき（うろこと内臓を取り除いたもの）… 大1尾

A
- タイム … 8枝
- ローリエ … 3枚
- にんにく（薄切り）… 2片分
- 塩・粗びき黒こしょう … 各適量
- オリーブオイル … 大さじ2

レモン（輪切り）… 2枚

下準備

- 白身魚の腹にAのタイム2枝を詰め、バットなどに入れる。残りのAを全体にまぶし、10分ほどおく。
- オーブンは180℃に予熱する。

1 天板にのせる

天板にオーブンシートを敷いて、下味をつけた白身魚をのせる。

2 焼く

180℃のオーブンで25〜30分焼く。器に盛り、レモンを添える。

180℃ / 50min

鯛の塩釜焼き

パーティでテーブルに出すと
「せーの」で塩釜を割ったとたんに、
必ず歓声が上がるごちそうです。

(→recipe P.26)

鯛の塩釜焼き (P.24)

材料(1尾分)

鯛(うろこと内臓を取り除いたもの) … 大1尾
卵白 … 3個分
塩 … 800g
ローズマリー … 2枝

下準備
- オーブンは180℃に予熱する。

1　塩釜を作る

ボウルに卵白を入れ、ふわっとするまで泡立て器で泡立てたら塩を加え、しっとりするまでよく混ぜる(a)。しっとりしなければ、卵白をさらに少しずつ足して調節する。

2　塩釜で鯛を包む

鯛の腹にローズマリーを詰める(b)。天板に1の1/3量を広げて鯛をのせ、残りの1を尾を除いた全体にまんべんなくのせる(c)。

3　焼く

180℃のオーブンで、うっすらと焼き色がつくまで50分焼く。焼き上がったら、めん棒などで軽くたたき、塩釜をはずしていただく。

<Before>

PART 2

具材のうまみが溶け合います

簡単! 重ね焼き&
ぎゅうぎゅう焼き

200°C / **20**min

なすとトマトとズッキーニ、ベーコンの重ね焼き

オーブンで焼く野菜のおいしさをストレートに味わえる一品。ベーコンのうまみが行き渡るよう、なすとズッキーニでサンドします。

材料(2〜3人分)

なす … 2本
ズッキーニ … 1本
プチトマト … 7個
ベーコン … 50g
塩・粗びき黒こしょう … 各適量
オリーブオイル … 大さじ4〜5

下準備

- オーブンは200℃に予熱する。

1 具材を切る

なすとズッキーニは1cm厚さの輪切りにし、プチトマトは縦半分に切る。ベーコンは4cm幅に切る。

2 耐熱容器に入れる

耐熱容器の縁に、なすとズッキーニでベーコンをはさみながら順に並べ(a)、中央にプチトマトを入れる(b)。塩、黒こしょうをふり、オリーブオイルを回しかける(c)。

3 焼く

200℃のオーブンで20分焼く。

200°C
15min

えびのオーブン焼き サルサソース

ソースに香菜の風味をきかせたエスニック風のおつまみです。
香ばしく焼けたえびのしっぽまで食べられるのは、オーブンならでは！

材料（2〜3人分）

殻つきえび…12尾
A [酒…大さじ1
　　塩・粗びき黒こしょう…各適量]

[サルサソース]
　トマト（粗く刻む）…小2個分
　玉ねぎ（みじん切り）…大さじ3
　香菜（粗く刻む）…大さじ3〜4
　ハラペーニョ（粗く刻む）…大さじ1
　※なければタバスコ数滴でも可
　塩…適量

下準備
・オーブンは200℃に予熱する。

1 サルサソースを作る
ボウルにサルサソースの材料を入れ、よく混ぜ合わせる。

2 具材を下ごしらえする
えびは尾を残して殻をむき、背に包丁を入れて背ワタをとり、よく洗う。キッチンペーパーで水けをふきとり、**A**をもみ込む。

3 耐熱容器に入れて焼く
耐熱容器に**2**を入れ、200℃のオーブン（あれば上段）で15分焼き、サルサソースをかける。

200°C / 15min

たことじゃがいもの ガレシア風

定番のスペイン料理も手軽に食卓へ！
オーブンで焼くたこはひと味違うおいしさです。
たこをシーフードミックスで代用してもOK。

材料(2〜3人分)

ゆでだこの足 … 2本
じゃがいも … 小5個
にんにく(みじん切り) … 1片分
塩・粗びき黒こしょう … 各適量
オリーブオイル … 大さじ4〜5
パプリカパウダー … 適量

下準備

- オーブンは200℃に予熱する。

1 具材を切る

たこの足は乱切りにし、じゃがいもは皮ごと蒸すかゆでてやわらかくし、半分に切る。

2 耐熱容器に入れる

耐熱容器に1を入れ、にんにくを散らす。塩、黒こしょうをふり、オリーブオイルを回しかける。

3 焼く

200℃のオーブン(あれば上段)で15分焼き、パプリカパウダーをふる。

野菜いっぱいミートローフ
(→recipe P.34)

子どもが好きなミートローフには野菜をたっぷりと。
ソースに使うケチャップの甘みや酸味で
仕上がりが変わるので、家族のお好みに合わせて。

180℃
40〜45min

シェパーズパイ
(→recipe P.35)

一般的に牛肉や羊肉を使いますが、鶏肉なら臭みも少なく軽やかな味に。マッシュポテトはやわらかめに仕上げます。

200°C
15min

野菜いっぱいミートローフ (P.32)

材料(2〜3人分)

合いびき肉 … 600g

A
- 玉ねぎ … 1/2個
- パプリカ(赤) … 1/2個
- ズッキーニ … 1/2本

塩・粗びき黒こしょう … 各適量

B
- 卵 … 1個
- パン粉 … 1/2カップ
- にんにく(みじん切り) … 1片分
- ナツメグ … 小さじ1
- 塩・粗びき黒こしょう … 各適量

オリーブオイル … 大さじ2

[トマトソース]

トマト(粗く刻む) … 1個分
トマトケチャップ … 大さじ4
ウスターソース … 大さじ2

下準備
- オーブンは180℃に予熱する。

1 具材を炒める

Aはそれぞれ5mm角に切る。フライパンにオリーブオイルを中火で熱し、Aを入れて炒める。玉ねぎが透き通ってきたら塩、黒こしょうで調味し、粗熱をとる。

2 耐熱容器に詰めて焼く

ボウルにひき肉とBを入れて練り混ぜ(a)、1を加えて混ぜ合わせる(b)。耐熱容器に詰め、均一な高さにならし、180℃のオーブンで40〜45分焼く。

3 トマトソースを作る

出てきた焼き汁をフライパンに移し(c)、トマトソースの材料を加えて少し煮詰め(d)、ミートローフにかける。

シェパーズパイ (P.33)

材料(2〜3人分)

鶏ももひき肉 … 400g
玉ねぎ(みじん切り) … 1/2個分
塩・粗びき黒こしょう … 各適量
A ┌ トマトピューレ … 200g
  │ オレガノ(ドライ) … 小さじ2
  └ ナツメグ … 小さじ1
オリーブオイル … 大さじ2
マッシュポテト … 適量

下準備
・オーブンは200℃に予熱する。

― mini recipe ―

＊マッシュポテトの材料と作り方
（作りやすい分量）

じゃがいも4〜5個は蒸すかゆでてやわらかくし、熱いうちに皮をむく。鍋に入れてフォークの背などでつぶし、バター大さじ1〜2、牛乳大さじ4〜5、塩・粗びき黒こしょう各適量、あればナツメグ少々を加え、中火にかけながらなめらかになるまで混ぜる(a)。

1 ミートソースを作る

フライパンにオリーブオイルを中火で熱し、玉ねぎを入れて炒め、透き通ってきたらひき肉を加え、さらに炒める。塩、黒こしょうをふり、Aを加えて混ぜ、ふたをして10分ほど煮たら、塩、黒こしょうで味を調える。最後に強火で水分をとばす(b)。

2 耐熱容器に詰める

耐熱容器に1を詰め、均一な高さにならす。上にマッシュポテトをのせて全体に広げ、フォークで線の模様を入れる(c)。

3 焼く

200℃のオーブンで表面がこんがりとするまで15分焼く。

<Before>

200°C / 20〜30min

いわしのくるくるしそチーズ巻き
（→recipe P.38）

いわしとチーズのこんがり焼けたところがたまらなくおいしくて、
お酒にもごはんにもよく合います。青じその風味がアクセントに。

180℃ / 40〜50min

塩豚バラと根菜のグリル
(→recipe P.39)

こんがり焼けた根菜は歯ごたえがよく、自然の甘みがたっぷり。
塩豚バラは半分にクミンシードをまぶし、2つの味を楽しんで。

いわしのくるくるしそチーズ巻き (P.36)

材料(2〜3人分)

いわし(開いてあるもの)… 6尾
塩・粗びき黒こしょう … 各適量
青じそ … 12枚
プロセスチーズ(1cm幅×5〜6cm長さの棒状)… 6切れ
パン粉 … 大さじ2

下準備

- オーブンは200℃に予熱する。

1 いわしを巻く

いわしは尾を向こう側にして置き、塩、黒こしょうをふる。青じそ2枚を縦に並べ、手前にチーズをのせる(**a**)。向こう側にくるくると巻き、途中で背びれをちぎり取り、最後にようじで止める(**b**)。

2 耐熱容器に入れる

耐熱容器に**1**を入れて塩適量をふり、パン粉を散らす(**c**)。

3 焼く

200℃のオーブンで20〜30分焼く。

<Before>

塩豚バラと根菜のグリル (P.37)

材料（2〜3人分）

豚バラブロック肉 … 800g
クミンシード … 小さじ2
にんじん … 1本
れんこん … 10cm
レモン（半月切り）… 6枚
塩 … 適量

下準備

- 豚肉はキッチンペーパーで水けをふきとる。塩大さじ1をまぶし（a）、ジッパーつき保存袋に入れる。袋の上からよくもみ込み（b）、冷蔵庫で半日〜2日おく。途中で再びもみ、味をなじませる。
- オーブンは180℃に予熱する。

1 具材を切る

下味をつけた豚肉は半分に切って一方にクミンシードをまぶし、それぞれ1cm幅に切る。にんじんは皮つきのまま縦半分に切り、さらに3〜4cm長さに切る。れんこんは皮つきのまま1cm厚さの半月切りにする。

2 天板に並べる

天板にオーブンシートを敷いて1を並べ（c）、レモンをのせて塩をふる。

3 焼く

180℃のオーブンで40〜50分焼く。

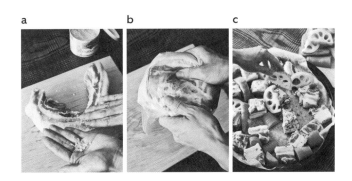

180°C >> 200°C
30min + 5min

パエリア
（→ recipe P.42）

香ばしく焼いたえびのうまみが移ったオイルで具材を炒め、
お米においしいエキスをしっかり吸わせて焼き上げます。

200°C / 30min

ほうれん草とベーコン、きのこのキッシュ
（→recipe P.43）

ハードルが高いと思いがちなキッシュも、市販のパイシートならお手軽。
生地が足りないところには、余った生地をつなぎ合わせて調整します。

パエリア (P.40)

材料（直径約28cmのフライパン1台分）

- 米 … 2合
- 鶏ささみ … 4本
- 有頭えび … 8尾
- あさり（砂抜き済み） … 8〜10個
- 玉ねぎ … 小1個
- パプリカ（赤） … 1/2個
- にんにく（みじん切り） … 2片分
- サフラン … 0.5g
- 水 … 3カップ
- 塩・粗びき黒こしょう … 各適量
- オリーブオイル … 大さじ2〜3
- レモン（くし形切り） … 1切れ
- イタリアンパセリ（ちぎる） … 適量

下準備
- ボウルにサフランと水を入れて10分以上おき、サフラン水を作る。
- あさりはこすり合わせてよく洗う。
- オーブンは180℃に予熱する。

1 具材を切る

ささみは2cm角に切り、玉ねぎはみじん切りに、パプリカは7〜8mmの細切りにする。

2 具材を炒める

鉄のフライパンにオリーブオイル大さじ1を中火で熱し、えびの両面を焼いて取り出す（**a**）。フライパンに残りのオリーブオイルを加えて中火で熱し、にんにくと玉ねぎを入れて炒める。香りが立ったらささみを加えて炒める。肉の色が変わったら米を洗わずに加え、塩、黒こしょうをふり、米が透明になるまで炒める。作っておいたサフラン水を加えて煮立て（**b**）、えび、あさり、パプリカをのせる（**c**）。

3 焼く

180℃のオーブンで30分焼き、温度を200℃に上げてさらに5分焼く。5〜6等分にしたレモンを添え、イタリアンパセリを散らす。

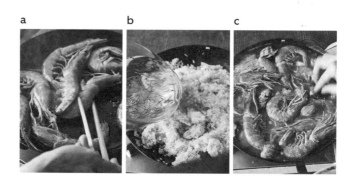

ほうれん草とベーコン、きのこのキッシュ (P.41)

材料（直径約23cmのタルト型1台分）

冷凍パイシート（20×20cm）… 約1と1/2枚
ほうれん草 … 1/2束
ベーコン … 3枚
しめじ … 1パック
塩・粗びき黒こしょう … 各適量
オリーブオイル … 大さじ1

A ┌ 卵 … 2個
　│ 生クリーム・ピザ用チーズ … 各1カップ
　└ 塩・粗びき黒こしょう … 各適量

下準備
- 冷凍パイシートは半解凍する（解凍しすぎると扱いづらいので、包丁で切れる程度に）。
- オーブンは200℃に予熱する。

1 パイ生地を型に敷く

パイシート1枚は型に敷き、足りない部分は残りのパイシートをちぎってつける。底にフォークで穴を開け（**a**）、冷凍庫で冷やしておく。
※パイシートが余ったら、そのまま天板にのせて一緒に焼いてもよい。

2 具材を炒める

ほうれん草は3cm長さに、ベーコンは1cm幅に切り、しめじは小房に分ける。フライパンにオリーブオイルを中火で熱し、ベーコンを入れて炒める。しめじを加えてさらに炒め、ほうれん草を加えて炒め合わせる（**b**）。塩、黒こしょうで調味し、粗熱をとる。

3 焼く

ボウルに**A**を入れて溶き混ぜ（**c**）、汁けをきった**2**を加えて混ぜる。**1**に流し入れて菜箸で具を持ち上げ（こうすると焼くときに具が沈みにくい）、200℃のオーブンで30分焼く。そのまま冷まし、型からはずす。

いろいろきのこの
アンチョビーグリル
(→recipe P.46)

きのこは水分が抜けると小さく縮むので、
大きめに分けてぎゅぎゅっと詰めます。

200℃
30min

冬野菜とベーコンの
ぎゅうぎゅう焼き
(→recipe P.46)

いろいろなおいしさが詰まったひと皿。
オーブンでじっくり焼いた根菜が、特に絶品！

180℃ ≫ 200℃
30min ＋ 10min

サーモンと野菜の包み焼き
(→recipe P.47)

サーモンに相性のいい野菜を合わせました。
バター&しょうゆの風味が食欲を誘います。

200℃
20min

200℃
15min

あさりと香菜(シャンツァイ)の蒸し焼き
(→recipe P.47)

あさりのエキスを逃がさない包み焼き。
手間いらずなのでおつまみや副菜に便利です。

冬野菜とベーコンのぎゅうぎゅう焼き (P.44)

材料(2〜3人分)

ベーコン(ブロック)…100g
ソーセージ…4本
さつまいも…1/3本
長ねぎ…1本
ごぼう…1本
里いも…小6個
ローズマリー…3〜4枝
にんにく(みじん切り)…2片分
塩・粗びき黒こしょう…各適量
オリーブオイル…大さじ3

下準備

- オーブンは180℃に予熱する。

1 具材を切る

ベーコンは4cm幅に切る。さつまいもは皮つきのまま乱切りに、ごぼうは皮つきのまま4cm長さの斜め切りに、長ねぎも同様に切る。里いもは皮をむく。

2 耐熱容器に入れる

耐熱容器に1とソーセージを入れ(a)、長さを3等分に切ったローズマリーとにんにくを散らす。塩、黒こしょうをふり、オリーブオイルを回しかける。

3 焼く

180℃のオーブンで30分焼き、温度を200℃に上げてさらに10分焼く。

いろいろきのこのアンチョビーグリル (P.44)

材料(2〜3人分)

しめじ…1パック
生しいたけ…6個
エリンギ…2〜3本
アンチョビーフィレ(粗く刻む)…6切れ
にんにく(みじん切り)…2片分
塩・粗びき黒こしょう…各適量
オリーブオイル…大さじ3
レモン(くし形切り)…2切れ

下準備

- オーブンは200℃に予熱する。

1 具材を切る

しめじは大きめに分け、しいたけは大きければ半分に切り、エリンギは大きければ半分に手で裂く。

2 耐熱容器に入れる

耐熱容器に1を入れ(a)、アンチョビーとにんにくを散らす。塩、黒こしょうをふり、オリーブオイルを回しかける。

3 焼く

200℃のオーブンで30分焼き、仕上げにレモンを搾る。

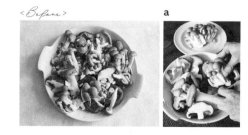

あさりと香菜の蒸し焼き (P.45)

材料(2人分)

あさり(砂抜き済み) … 300g

香菜 … 1〜2本

白ワイン … 大さじ2

にんにく(みじん切り) … 1片分

下準備

- あさりはこすり合わせてよく洗う。
- オーブンは200℃に予熱する。

1 具材を切る
香菜の茎はみじん切りに、葉はざく切りにする。

2 オーブンシートで包む
30cm四方のオーブンシートを広げ、中央にあさりと香菜の茎をのせ、白ワインをふってにんにくを散らす(**a**)。オーブンシートの上下の辺を合わせて向こう側に巻き折り(**b**)、左右の端は内側に巻き折り(**c**)、きっちりと包む。

3 焼く
200℃のオーブンで15分焼き、仕上げに香菜の葉を散らす。

サーモンと野菜の包み焼き (P.45)

材料(2人分)

生鮭(切り身) … 2切れ

じゃがいも … 2個

玉ねぎ … 小1個

酒 … 大さじ1

塩・粗びき黒こしょう … 各適量

バター・しょうゆ・パセリ(みじん切り) … 各適量

下準備

- オーブンは200℃に予熱する。

1 具材を下ごしらえする
鮭はキッチンペーパーで水けをふきとり、塩・黒こしょう各適量をふる。じゃがいもは薄切りに、玉ねぎは1cm幅の輪切りにする。

2 オーブンシートで包む
30cm四方のオーブンシートを広げ、中央に玉ねぎとじゃがいもを並べて鮭をのせ、酒と塩・黒こしょう各適量をふる(**a**)。オーブンシートの上下の辺を合わせて向こう側に巻き折り、左右の端は内側に巻き折り、きっちりと包む。

3 焼く
200℃のオーブンで20分焼き、仕上げにバターをのせてしょうゆをかけ、パセリを散らす。

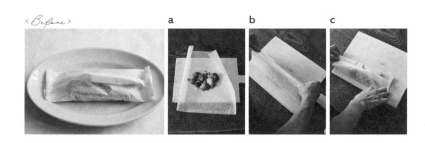

200℃
25〜30min

カレーミートパイ

子どもにも大人にも人気のミートパイ。レシピはシンプルですが、香味野菜を茶色くなるまでじっくり炒めることで、深い味に仕上がります。

材料（20×20cmの正方形1枚分）
冷凍パイシート（20×20cm）… 2枚
合いびき肉 … 150g
にんにく（みじん切り）… 1片分
A ┌ 玉ねぎ（みじん切り）… 1/2個分
　├ にんじん（みじん切り）… 1/2本分
　└ セロリ（みじん切り）… 1本分
カレー粉 … 大さじ2
塩・粗びき黒こしょう … 各適量
オリーブオイル … 大さじ1
卵黄 … 1個分

下準備
- 冷凍パイシートは半解凍する（解凍しすぎると扱いづらいので、包丁で切れる程度に）。
- オーブンは200℃に予熱する。

1 具材を炒める

フライパンにオリーブオイルとにんにくを中火で熱し、香りが立ったらAを加えてじっくりと炒める。ひき肉、塩、黒こしょうを加えて炒め、カレー粉を加えてさらに炒めたら、塩、黒こしょうで味を調え、そのまま冷ます。

2 パイシートで包む

パイシート1枚は、2cmほど内側に1cm間隔に横長の切り目を入れる。天板にオーブンシートを敷いて残りのパイシートをのせ、1をのせて平らにならす。切り目を入れたパイシートをのせ、縁を軽く押さえてとじる。

3 焼く

2の表面に溶いた卵黄をスプーンなどで塗り、200℃のオーブンで25〜30分焼く。

200℃
25〜30min

アップルパイ

ホームメイドのアップルパイは、どこか懐かしい味わい。砂糖の量はりんごの甘みによって調節しましょう。

材料（20×20cmの正方形1枚分）
- 冷凍パイシート（20×20cm）…2枚
- りんご…2個
- 砂糖…大さじ4〜5
- シナモンパウダー…少々
- バター…大さじ2
- 卵黄…1個分

下準備
- 冷凍パイシートは半解凍する（解凍しすぎると扱いづらいので、包丁で切れる程度に）。
- オーブンは200℃に予熱する。

1　具材を炒める

りんごは皮をむいて8等分のくし形切りにし、芯を除いてさらに3等分に切る。フライパンに中火でバターを熱し、りんごと砂糖を入れて炒める。りんごがやわらかくなったら、シナモンパウダーを加えて混ぜる。

2　パイシートで包む

パイシートはそれぞれ4等分の三角形に切り、半分は中央に十字の切り目を入れる。天板にオーブンシートを敷いて残りのパイシートを並べ、**1**をのせる。切り目を入れたパイシートをのせ、縁を軽く押さえてとじる。

3　焼く

2の表面に溶いた卵黄をスプーンなどで塗り、200℃のオーブンで25〜30分焼く。

200°C / 20min

かぼちゃとアボカドの豚バラ重ね焼き

ちょっと意外な組み合わせですが、オーブンの中でじんわり良さを出し合って、「あれ、また食べたい！」とリクエストされる一品に。

材料（2〜3人分）
豚バラ厚切り肉（焼き肉用）…200g
かぼちゃ…1/8個
アボカド…1個
塩・粗びき黒こしょう…各適量
オリーブオイル…大さじ2

下準備
・オーブンは200℃に予熱する。

1 具材を切る
豚肉は4cm幅に切り、かぼちゃは縦に薄切にする。アボカドは縦半分に切って種を除き、縦に薄切にする。

2 耐熱容器に入れる
耐熱容器に1を交互に入れ、塩、黒こしょうをふり、オリーブオイルを回しかける。

3 焼く
200℃のオーブンで20分焼く。

200°C / 20min

たらとブロッコリーのマヨ焼き

ブロッコリーは下ゆでするひと手間で
たらとしっかりなじみます。

材料(2人分)
たら(切り身) … 2切れ
酒 … 大さじ1
塩・粗びき黒こしょう … 各適量
ブロッコリー … 1/2株
マヨネーズ … 大さじ2〜3
パン粉 … 大さじ1

下準備
・オーブンは200℃に予熱する。

1 具材を下ごしらえする
たらはキッチンペーパーで水けをふきとり、ひと口大に切って酒と塩・黒こしょう各適量をふる。ブロッコリーは小房に分け、塩適量を加えた熱湯でかためにゆで、水けをよくきる。

2 耐熱容器に入れる
耐熱容器に1を入れ、マヨネーズを細い線状にかけ、パン粉を散らす。

3 焼く
200℃のオーブンでこんがりとするまで20分焼く。

Column 1
オーブン料理に合うサラダ

焼き時間にもう一品作れるのがオーブン料理のいいところ。ここではこんがり焼けた料理と相性のいい簡単サラダをご紹介します。

いんげんとスナップえんどうのサラダ

レモンをきかせたこのサラダは、野菜いっぱいミートローフ(→P.32)などに。

クレソンとカッテージチーズのサラダ

塩豚のハーブグリル(→P.12)やローストビーフ(→P.18)など、肉料理全般と。

材料と作り方(2人分)

❶ いんげん・スナップえんどう各10本は筋を取り、一緒に塩ゆでする。❷ いんげんは食べやすい長さに切り、スナップえんどうは縦半分に割り、器に盛り合わせる。❸ 玉ねぎのみじん切り大さじ1、レモン汁小さじ1、オリーブオイル大さじ1/2、塩・粗びき黒こしょう各適量を混ぜ合わせる。❷に回しかけ、レモンのくし形切り1切れを添える。

材料と作り方(2人分)

❶ クレソン1束は食べやすい長さに切って器に盛る。❷ ❶にカッテージチーズ大さじ3を散らし、塩・粗びき黒こしょう各適量をふり、バルサミコ酢・オリーブオイル各大さじ1を回しかける。

もやしとちくわの
ザーサイあえ

ごま油をきかせた中華風サラダは、五香粉焼き豚(→P.20)と一緒にどうぞ。

きゅうりの
梅じそあえ

和風のサラダは、鶏肉のみそ漬け焼き(→P.21)や鯛の塩釜焼き(→P.24)に。

材料と作り方(2人分)

❶ きゅうり2本は乱切りにし、青じそ10枚は食べやすくちぎる。梅干し2個は種を除き、包丁でたたく。❷ ❶をボウルに入れ、ごま油大さじ1を加えてあえる。

材料と作り方(2人分)

❶ もやし1袋はひげ根を取り、さっとゆでて水けをきる。❷ ちくわ2本は5mm厚さの輪切りにし、味つきザーサイ(瓶詰)大さじ2は粗く刻む。万能ねぎ2本は小口切りにする。❸ ボウルに❶と❷を入れ、ごま油大さじ1と塩適量を加えてあえる。

Column 1 | オーブン料理に合うサラダ

新玉黄身のっけ
さっぱり味のサラダは、塩豚バラと根菜のグリル（→P.37）などにぴったり。

マヨみそスティック野菜
肉や魚料理のほかグラタンやドリアなど、何にでも合う万能サラダ。

材料と作り方（2人分）

❶ 新玉ねぎ1個は縦に薄切りにし、水に数分さらして水けをきる。❷ ❶を器に盛り、削り節適量を散らし、卵黄1個分をのせ、ポン酢じょうゆ適量を回しかける。

材料と作り方（2人分）

❶ きゅうり、にんじん、セロリなど好みの野菜各適量を6〜7cm長さの棒状に切る。❷ みそ・マヨネーズ各大さじ1を器に盛り、❶をつけていただく。

PART 3

生野菜とは違う味わい発見

野菜一品でも
しみじみおいしい

グリルパプリカのマリネ

じっくり焼いたパプリカはとろっと甘くてジューシー。
さわやかなマリネ液であえて、イタリアンの前菜風に。

200℃
30min

材料(2〜3人分)

パプリカ(赤・黄・オレンジ) … 各1個

A ┌ バジル(ちぎる) … 1パック
  │ レモン汁 … 1個分
  │ 塩・粗びき黒こしょう … 各適量
  └ オリーブオイル … 大さじ4〜5

下準備
- オーブンは200℃に予熱する。
- ボウルにAを合わせる。

1 具材を切る

パプリカは縦半分に切り、種を取る(a)。

2 天板に並べて焼く

天板にオーブンシートを敷いて1を並べる。200℃のオーブン(あれば上段)で皮が焦げるまで30分焼き、粗熱をとる。

3 仕上げる

2の皮をむき(b)、食べやすい大きさに切って器に盛り、合わせたAをかける(c)。

<Before>

a   b   c

180°C >> 200°C
30min + 10min

いろいろ玉ねぎのグリル

究極の簡単レシピですが、皮ごと蒸し焼きにする玉ねぎは独特の甘みととろみを堪能できる飽きないおいしさです。

材料（2〜3人分）
玉ねぎ、紫玉ねぎなど（大・中・小）… 各2〜3個
塩・オリーブオイル … 各適量

下準備
・オーブンは180℃に予熱する。

1 具材を切る
玉ねぎは皮つきのまま、大きいものは上部に十字の切り込みを入れる。

2 天板に並べる
天板にオーブンシートを敷いて1を並べる。

3 焼く
180℃のオーブンで30分焼き、温度を200℃に上げてさらに10分焼く。塩をふり、食べるときにオリーブオイルを回しかける。

200°C >> 220°C
20min + 10min

白菜と紫キャベツのグリル

オーブンで焼いた葉野菜は、水分がほどよく抜けた新鮮な味わい。チーズ&バルサミコと好相性です。

材料(2〜3人分)
白菜 … 1/4株
紫キャベツ … 1/4個
パルメザンチーズ(粉)・オリーブオイル … 各適量
バルサミコ酢・塩・粗びき黒こしょう … 各適量

下準備
・オーブンは200℃に予熱する。

1 具材を切る
白菜と紫キャベツは縦半分に切る。

2 天板に並べる
天板にオーブンシートを敷いて1を並べ、パルメザンチーズをふり、オリーブオイルを回しかける。

3 焼く
200℃のオーブンで20分焼き、温度を220℃に上げてさらに10分焼く。器に盛り、塩、黒こしょうをふって、バルサミコ酢を回しかける。

200℃ / 30min

カリフラワーのグリル 黒オリーブソース

豪快に焼いたカリフラワーは、ゆでるよりも甘みが際立ちます。
黒オリーブのソースは、ソテーした豚肉などに合わせてもおいしい。

材料(2〜3人分)
カリフラワー … 1株
[黒オリーブソース]
　黒オリーブ(粗く刻む) … 大さじ3
　玉ねぎ(みじん切り) … 大さじ3
　粒マスタード … 小さじ2
　酢 … 大さじ1
　塩・粗びき黒こしょう … 各適量
　オリーブオイル … 大さじ2

下準備
・オーブンは200℃に予熱する。

1 具材を切り、ソースを作る
カリフラワーは半分に切る。黒オリーブソースの材料は混ぜ合わせておく。

2 耐熱容器に入れて焼く
耐熱容器にカリフラワーを入れ、200℃のオーブンで30分焼く。焼き上がったらソースをかける。

200°C / 20min

長いものカレーマヨ焼き

ソースのこんがり焼けたところがおいしくて
カレー好きやマヨ好きに限らず、
一度食べるととりこになります！

材料（2〜3人分）

長いも … 約20cm
A ┌ マヨネーズ … 大さじ3
　└ カレー粉 … 大さじ1
パン粉 … 大さじ1
青のり・オリーブオイル … 各適量

下準備
・オーブンは200℃に予熱する。

1 具材を切る
長いもはよく洗い、皮つきのまま1cm厚さの輪切りにする。

2 耐熱容器に入れる
耐熱容器に長いもを少しずつ重ねて並べ、合わせたAをかけ、パン粉を散らす。

3 焼く
200℃のオーブンで20分焼き、オリーブオイルを回しかけ、青のりを散らす。

200°C
20〜30min

かぶのローズマリーソテー

オイルでコーティングしたかぶは、とてもジューシー！
ローズマリーの代わりにタイムなどほかのハーブでも大丈夫。

材料(2〜3人分)
かぶ…5個
A ┌ ローズマリー(3cm長さに切る)…2枝分
  │ にんにく(みじん切り)…1片分
  │ 塩・粗びき黒こしょう…各適量
  └ オリーブオイル…大さじ2

下準備
・オーブンは200℃に予熱する。

1 具材に下味をつける

かぶは茎を2〜3cm残して切り落とし、竹串などで茎の間の汚れをとり、皮つきのまま4つ割りにする。ボウルに入れ、Aを加えてあえる。

2 耐熱容器に入れて焼く

耐熱容器に1を入れ、200℃のオーブンで20〜30分焼く。

180℃ >> 200℃
30min + 15min

小さなかぼちゃのグリル

チーズ＆練りごまが新鮮な、前菜風のおしゃれなひと皿。
かぼちゃは最初に蒸し焼きにして、ほっくりとした甘みを引き出して。

材料（2～3人分）

かぼちゃ … 小1個
マスカルポーネ … 大さじ4
メイプルシロップ・白練りごま … 各大さじ2
くるみ（粗く刻む）… 適量

下準備
・オーブンは180℃に予熱する。

1 具材を切る
かぼちゃは横半分に切って種とワタを取り、元の形に戻してから全体をアルミホイルで包む。

2 天板にのせて焼く
天板に1をのせ、180℃のオーブンで30分焼く。アルミホイルをはずして広げ、かぼちゃの切り口を上にして並べ、温度を200℃に上げてさらに15分焼く。

3 仕上げる
器に盛り、マスカルポーネをのせ、メイプルシロップと練りごまをかけ、くるみを散らす。

180℃
40〜50min

ソフトドライトマト

甘みとうまみが凝縮されたドライトマトは本当においしくて
おやつ代わりにつまんでしまいます。作っておくと料理にも大活躍。

材料(作りやすい分量)

プチトマト…2パック

下準備

- オーブンは180℃に予熱する。

1 具材を切る

プチトマトは縦半分に切る。

2 天板に並べて焼く

天板にオーブンシートを敷き、1の切り口を上にして並べ、180℃のオーブンで40〜50分焼く。

ドライトマトの冷製カッペリーニ
(→recipe P.66)

濃厚なトマトのうまみでいただきます。
パスタは冷水でしめて水けをきって。

ソフト
ドライトマトを
使って3品

ポークソテー
ドライトマトのマリネがけ
(→recipe P.66)

甘酸っぱいトマトの力で
豚肉がさっぱりとしたあと味に。

めかじきとドライトマトの
ピンチョス
(→recipe P.66)

トマトとルッコラは好相性。
お酒がすすむ魚のおつまみになります。

ソフトドライトマトを使って３品

ドライトマトの冷製カッペリーニ

材料と作り方（2人分）

❶ボウルにソフトドライトマト1/2カップ、おろしにんにく少々、オリーブオイル大さじ3〜4、塩・粗びき黒こしょう各適量を入れてよく混ぜる。❷カッペリーニ80gは表示通りにゆで、氷水にとって冷やし、ざるに上げて水けをよくきる。❸❷を❶に加えてよくあえる。

ポークソテー ドライトマトのマリネがけ

材料と作り方（2人分）

❶豚ロース厚切り肉2枚は脂の部分に切り込みを入れて筋を切り、塩・粗びき黒こしょう各適量をふる。❷ボウルにソフトドライトマト1/2カップ、オリーブオイル大さじ2、塩・粗びき黒こしょう各適量を入れ、ざっとあえる。❸フライパンにオリーブオイル大さじ1を中火で熱し、❶を入れて両面をこんがりと焼く。器に盛り、❷をかけ、オリーブオイル適量を回しかける。

めかじきとドライトマトのピンチョス

材料と作り方（2人分）

❶めかじき2切れは表面の水けをふきとり、それぞれ3等分に切って、塩・粗びき黒こしょう各適量をふる。❷フライパンにオリーブオイル適量を中火で熱し、❶を入れて両面を焼く。❸ルッコラ適量は食べやすくちぎって❷にのせ、さらにソフトドライトマト6個をのせ、ようじで刺す。

PART 4

チーズのとろけ具合が絶品

みんな大好き！
グラタン&ピザ

えびとほたての
クリームグラタン
(→recipe P.70)

魚介とクリームの相性が抜群で、文句なしのおいしさ。
ホワイトソースは市販でもいいですが、意外と
手軽にできるので、ぜひ手作りしてみてください。

220°C
15min

チキンマカロニグラタン
(→recipe P.71)

オーブン料理の超定番といえばこれ。バターや小麦粉を具と一緒に炒めて作る、簡単ホワイトソースで作ります。

220℃
15min

えびとほたてのクリームグラタン (P.68)

材料（2〜3人分）

むきえび … 大12尾
ほたて（貝柱）… 6個
ほうれん草 … 1/2束
酒 … 大さじ1
塩・粗びき黒こしょう … 各適量
[ホワイトソース]
　バター・小麦粉 … 各大さじ2
　牛乳 … 1と1/2カップ
　塩・ナツメグ … 各適量
ピザ用チーズ … 1/2カップ
パン粉 … 適量

下準備
- オーブンは220℃に予熱する。

1 ホワイトソースを作る

フライパンにバターと小麦粉を入れ、粉に火を通しながら弱火でじっくりと炒める(a)。粉けがなくなったら牛乳を少しずつ加え、泡立て器でなめらかになるまで混ぜ(b)、塩とナツメグで調味する。

2 具材を下ごしらえする

えびは背ワタをとってよく洗い、キッチンペーパーで水けをふいて酒と塩・黒こしょう各適量をふる。ほうれん草は塩適量を加えた熱湯でさっとゆで、水けをきって4cm長さに切る。

3 耐熱容器に入れて焼く

耐熱容器にえび、ほたて、ほうれん草を入れて塩適量をふり、ホワイトソースをかける(c)。チーズとパン粉を散らし、220℃のオーブン（あれば上段）でこんがりとするまで15分焼く。

チキンマカロニグラタン (P.69)

材料(小さめのグラタン皿4個分)

鶏ささみ … 4本
玉ねぎ … 1/2個
ホワイトマッシュルーム … 6個
マカロニ … 100g
小麦粉 … 大さじ2
牛乳 … 2カップ
塩・粗びき黒こしょう … 各適量
ピザ用チーズ … 1/2カップ
パン粉・パセリ(みじん切り) … 各適量
バター … 大さじ3

下準備
- オーブンは220℃に予熱する。

1 具材を下ごしらえする

ささみは2cm幅のそぎ切りにし、塩・黒こしょう各適量をふる。玉ねぎは粗く刻み、マッシュルームは薄切りにする。マカロニは塩適量を加えた熱湯で表示通りにゆで、ざるに上げる。

2 炒めて耐熱容器に入れる

フライパンにバターを中火で熱し、玉ねぎを入れて炒める。しんなりしたらささみとマッシュルームを加えて炒め合わせ、火を止めて小麦粉を加えて全体になじませる(a)。再び中火にかけ、牛乳を少しずつ加えてよく混ぜ(b)、マカロニを加えて塩・黒こしょう各適量で味を調える。耐熱容器に入れ(c)、チーズとパン粉を散らす。

3 焼く

220℃のオーブン(あれば上段)でこんがりとするまで15分焼き、パセリを散らす。

はりねずみパン
(→recipe P.74)

テーブルに出すと、大人も子どもも大喜びするはりねずみパンは、
フランスの人気料理。切り込みから、めいめいがちぎっていただきます。

200℃
15min

ベーグルピザ2種
(→recipe P.75)

ランチやワインのおつまみにささっと作れるピザ。具の中までしっかり火が通り、チーズがとろ〜り溶けるのはオーブンならでは。

200℃
15min

はりねずみパン (P.72)

材料(2〜3人分)

カンパーニュ … 大1個
ベーコン … 5枚
チェダーチーズ … 80g
ローズマリー … 適量

下準備
- オーブンは200℃に予熱する。

1 具材を切る

カンパーニュは半分くらいの深さまで2cm間隔の格子状に切り目を入れる(a)。ベーコンは4cm幅に、チーズは1cm角に切り、ローズマリーは小さくちぎる。

2 具材をはさむ

カンパーニュの切り込みにベーコンとローズマリーをはさみ(b)、チーズをのせる(c)。

3 天板にのせて焼く

天板にオーブンシートを敷いて2をのせ、200℃のオーブンでチーズが溶けるまで15分焼く。

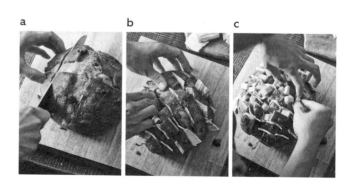

ベーグルピザ2種 (P.73)

材料(2人分)

ベーグル … 2個

[オイルサーディンとズッキーニ]

　オイルサーディン … 4切れ

　ズッキーニ … 1/2本

　クリームチーズ … 40g

[しらすとプチトマト]

　しらす … 大さじ4

　プチトマト … 5個

　ピザ用チーズ … 大さじ3

　粗びき黒こしょう … 適量

下準備

- オーブンは200℃に予熱する。

1　具材を切る

ベーグルは横半分に切る。オイルサーディンは2cm幅に切り、ズッキーニは薄い輪切りにし、クリームチーズは1cm角に切る。プチトマトは縦半分に切る。

2　具材をのせる

ベーグルの半分にオイルサーディン、ズッキーニ、クリームチーズをのせる(**a**)。もう半分にしらす、プチトマト、チーズをのせ、黒こしょうをふる(**b**)。

3　天板に並べて焼く

天板にオーブンシートを敷いて**2**を並べ、200℃のオーブン(あれば上段)でこんがりとするまで15分焼く。

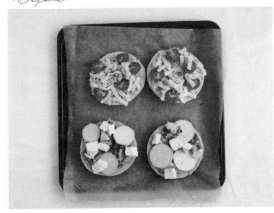

じゃがいものグラタン
パセリバターパン添え
(→recipe P.78)

じゃがいもだけのシンプルさがいい、大人のグラタン。
こんがり焼けたクリームをパンにつけていただきます。

200℃ >> 220℃
20min + 10min

ドライカレードリア
(→recipe P.79)

ケチャップやソースも加えるので
辛さはマイルド。卵でさらにまろやかに。

200°C
15min

チキンライスドリア
(→recipe P.79)

ケチャップ味のチキンライスは懐かしい味。
チーズの焼き具合がおいしさのカギです。

200°C
15min

じゃがいものグラタン パセリバターパン添え (P.76)

材料(2〜3人分)

じゃがいも … 4個

A ┌ にんにく(みじん切り) … 1片分
　└ 塩・粗びき黒こしょう・ナツメグ … 各適量

生クリーム … 1カップ

ピザ用チーズ … 1/2カップ

バター … 適量

パセリバターパン … 適量

下準備
- オーブンは200℃に予熱する。
- 耐熱容器にバターを塗る。

1 具材を切る

じゃがいもは薄切りにする(a)。

2 耐熱容器に入れる

バターを塗った耐熱容器に**1**を並べて全体に**A**をふる。生クリームを回し入れ(b)、チーズを散らす。

3 焼く

200℃のオーブンで**2**を20分焼き、温度を220℃に上げてこんがりとするまで10分焼く(パセリバターパンは、温度を上げるときに入れて一緒に焼く)。

---

mini recipe

＊パセリバターパンの材料と作り方
（作りやすい分量）

バター大さじ2〜3は常温にもどしてやわらかくし、パセリのみじん切り大さじ1〜2、にんにくのみじん切り1片分、塩・粗びき黒こしょう各適量を加えて混ぜ合わせる。バゲット1本は2cm間隔に横に切り目を入れ、パセリバターをはさむ(c)。天板にオーブンシートを敷いてバゲットをのせ、220℃のオーブンで10分焼く。

<Before>

ドライカレードリア (P.77)

材料(2人分)

ごはん … 茶碗2杯分	塩・粗びき黒こしょう … 各適量
ソーセージ … 5本	ピザ用チーズ … 大さじ4〜5
玉ねぎ … 1/2個	パン粉 … 適量
にんにく(みじん切り) … 1片分	オリーブオイル … 大さじ2
しょうが(みじん切り) … 1かけ分	卵黄 … 2個分
A [カレー粉・トマトケチャップ … 各大さじ1 / 中濃ソース(またはウスターソース) … 小さじ1]	

下準備
- オーブンは200℃に予熱する。

1　具材を切る
ソーセージは5mm厚さの輪切りに、玉ねぎはみじん切りにする。

2　具材を炒める
フライパンにオリーブオイル、玉ねぎ、にんにく、しょうがを入れて中火で炒め、香りが立ったらAを加えて炒め(a)、ソーセージとごはんを加え(b)、塩・黒こしょう各適量をふってさらに炒める。

3　耐熱容器に入れて焼く
耐熱容器に2を入れてチーズとパン粉を散らし、200℃のオーブン(あれば上段)でこんがりとするまで15分焼く。中央に卵黄をのせ、黒こしょう適量をふる。

<Before>

a

b

チキンライスドリア (P.77)

材料(2人分)

ごはん … 茶碗2杯分	マッシュルーム(缶詰) … 1缶(45g)
鶏もも肉 … 小1枚	トマトケチャップ … 大さじ4〜5
玉ねぎ … 1/2個	塩・粗びき黒こしょう … 各適量
ピーマン … 1個	ピザ用チーズ … 大さじ4〜5
	パン粉 … 適量
	オリーブオイル … 大さじ2

下準備
- オーブンは200℃に予熱する。

1　具材を切る
鶏肉は1cm角に切り、塩・黒こしょう各適量をふる。玉ねぎはみじん切りにし、ピーマンは5mm角に切る。マッシュルームは薄切りにする。

2　具材を炒める
フライパンにオリーブオイルと玉ねぎを入れて中火で炒め、鶏肉を加える(a)。色が変わるまでしっかりと炒めたら、ごはん、ピーマン、マッシュルームを加えて炒める。トマトケチャップ、塩・黒こしょう各適量を加え、水分を飛ばすようにさらに炒める(b)。

3　耐熱容器に入れて焼く
耐熱容器に2を入れてチーズとパン粉を散らし、200℃のオーブン(あれば上段)でこんがりとするまで15分焼き、パセリ適量(分量外)を添える。

<Before>　　a　　b

200℃ / 20min

豆腐とリコッタチーズ、ハムのグラタン

水きりした豆腐を焼くと、チーズのような味わいに！ チーズ好きは垂涎のひと皿です。

材料(2〜3人分)

- 木綿豆腐…1丁
- リコッタチーズ…100g
- ハム…5枚
- マカロニ…50g
- 紫玉ねぎ…1/2個
- 塩・粗びき黒こしょう…各適量
- 生クリーム…1/2カップ
- パルメザンチーズ(粉)…適量

下準備

- オーブンは200℃に予熱する。
- 豆腐はキッチンペーパーで包み、重しをして2〜3時間おき、水きりする。

1 具材を下ごしらえする

ハムは放射状に4等分に切り、紫玉ねぎは縦に薄切りにする。マカロニは塩適量を加えた熱湯で表示通りにゆで、ざるに上げる。

2 耐熱容器に入れる

耐熱容器に1と水きりした豆腐をちぎって入れる。リコッタチーズを散らして塩・黒こしょう各適量をふり、生クリームを回し入れ、パルメザンチーズをかける。

3 焼く

200℃のオーブンで20分焼く。

200℃ / 20min

オニオングラタンスープ

バゲットを使うレシピが多いですが、ここでは市販のパイシートで。
サクサクのパイを甘い玉ねぎとあつあつチーズにからめていただきます。

材料(2人分)
冷凍パイシート(20×20cm)…1/2枚
玉ねぎ…大1個
顆粒コンソメ…1袋(4.5g)
塩・粗びき黒こしょう…各適量
ピザ用チーズ…大さじ2
オリーブオイル…大さじ2
卵黄…1個分

下準備
・オーブンは200℃に予熱する。

1 具材を下ごしらえする

玉ねぎは縦に薄切りにする。鍋にオリーブオイルを中火で熱し、玉ねぎを入れてあめ色になるまでじっくりと炒める。コンソメと水2と1/2カップを加えて10分煮たら、塩、黒こしょうで味を調える。

2 耐熱容器に入れる

耐熱のカップ等に**1**を入れ、チーズを散らし、カップよりひと回り大きく切ったパイシートをぴたりとかぶせて縁を押さえ、表面に溶いた卵黄をスプーンなどで塗る。

3 焼く

200℃のオーブンで20分焼く。

Column 2
オーブンで作るデザート

オーブンを使い慣れると、デザートも手作りするのが楽しくなります。
ここでは簡単で手軽に作れるレシピをご紹介します。

220°C / 20min

フルーツグリル

オーブンで焼いたフルーツは、フレッシュと違う新しいおいしさ。
アイスクリームをのせたり、チーズと一緒にワインのおつまみにも。

材料（2〜3人分）

パイナップル（輪切り）… 3枚
巨峰 … 5粒
桃 … 1個
りんご … 1個
はちみつ・ミント … 各適量

下準備
- オーブンは220℃に予熱する。

1 フルーツを切る

巨峰、桃、りんごはそれぞれ皮つきのまま縦半分に切る。

2 天板に並べる

天板にオーブンシートを敷き、1とパイナップルを並べる。

3 焼く

220℃のオーブンで20分焼き、はちみつを回しかけてミントを散らす。

180℃
25min

チョコチップマフィン

材料を順に混ぜていくだけ。めんどうな作業はなく、簡単に作れます。チョコチップをチーズやバナナにアレンジしてもいいですね。

材料（直径7.5cm×高さ4cmのプリン型8個分）
バター（あれば無塩）… 100g
砂糖 … 150g
卵 … 1個
A ┌ 薄力粉 … 200g
  └ ベーキングパウダー … 小さじ1と1/2
牛乳 … 1/4カップ
チョコチップ … 50g

下準備
- バターは室温にもどしてやわらかくする。
- マフィン型に紙カップを入れる。
- オーブンは180℃に予熱する。

1 生地を作る

① ボウルにやわらかくしたバターと砂糖を入れ、ハンドミキサーで白っぽくクリーム状になるまでよく混ぜる。卵を割り入れ、ハンドミキサーでさらに混ぜる。
② 別のボウルに **A** を入れ、ゴムべらでざっと混ぜる。万能こし器でこしながら①に加え、ゴムべらでよく混ぜる。牛乳を加え、さらによく混ぜる。
③ チョコチップは10gほど残して②に加え、全体をよく混ぜる。

2 型に入れる

紙カップを入れた型に生地をスプーンで均等に入れ、残りのチョコチップを等分して散らす。

3 天板に並べて焼く

天板に**2**を並べて180℃のオーブンで25分焼く。

170°C
40〜45min

焼きプリン

卵と牛乳と砂糖だけで作る、素朴で懐かしい味のプリンです。
プリン液はこし器でこすひと手間で、なめらかに仕上がります。

材料(直径7.5cm×高さ4cmのプリン型5個分)

A ┌ 牛乳…1と1/2カップ
  └ 砂糖…50g

B ┌ 卵…2個
  └ 卵黄…1個分

バニラエッセンス…2〜3滴

[キャラメルソース]
　砂糖…60g
　水…大さじ1

下準備
- オーブンは170℃に予熱する。

1 キャラメルソースを作る

小鍋(または小さいフライパン)に砂糖と水を入れ、中火にかけて煮立てる。縁が色づいてきたら鍋をゆすり、キャラメル色になったら型に均等に流し入れる。

2 プリン液を作り、型に入れる

① 鍋にAを入れて火にかけ、砂糖が溶けたら火を止め、そのまま冷ます。
② ボウルにBを入れて泡立て器で溶き混ぜ、バニラエッセンスを加えて混ぜる。①を加えて混ぜ、万能こし器でこす。1の型に均等に流し入れる。

3 天板に並べて焼く

天板に2を並べて熱湯を天板の高さの2/3くらいまで注ぎ、170℃のオーブンで40〜45分蒸し焼きにする。粗熱がとれたら冷蔵庫で冷やす。型から出すときは、生地の縁を指で少し押して型から離し、さらに型ごと数回ふるときれいに取り出せる。

170℃ >> 200℃
40〜50min + 20min

スイートポテト

生クリームや牛乳を入れずに作る
さつまいもの味を堪能できるおやつです。
グラニュー糖をふってカリッと焼いて。

材料(直径約5cm10個分)
さつまいも … 中3本(300g)
A ┌ バター … 大さじ2
  └ 砂糖 … 大さじ3〜4
卵黄 … 1個分
グラニュー糖 … 適量

下準備
・オーブンは170℃に予熱する。

1 生地を作る

さつまいもはアルミホイルに包み、170℃のオーブンで、やわらかくなるまで40〜50分焼く。熱いうちに皮をむき、ボウルに入れてめん棒などでつぶす。Aを加えてよく混ぜたら、直径5cmほどの円盤形に丸める。

2 天板に並べる

天板にオーブンシートを敷き、1を並べる。溶いた卵黄をスプーンなどで上面に塗り、グラニュー糖をふりかける。

3 焼く

200℃のオーブンでこんがりとするまで20分焼く。

220℃ / 20min

いちじくのグリル

オーブンで焼くとぐんと甘みが増して
独特のねっとり感もあとを引きます。
香ばしいグラノーラとぴったり。

材料（2〜3人分）
いちじく…4個
グラノーラ…大さじ3〜4
メイプルシロップ・ピンクペッパー…各適量

下準備
・オーブンは220℃に予熱する。

1 フルーツを切る
いちじくは縦半分に切る。

2 天板に並べて焼く
天板にオーブンシートを敷いて1を並べ、220℃のオーブンで20分焼く。

3 仕上げる
器に盛り、グラノーラをのせる。メイプルシロップを回しかけ、ピンクペッパーを散らす。

野口真紀
Maki Noguchi

料理雑誌の編集者を経て料理研究家に。現在は育ち盛りで元気いっぱいの2児の母でもある。家族の健康を思いながら作る料理は、どこか懐かしくて心が満たされる味のものばかり。抜群の作りやすさも兼ね備えたレシピにはファンが多い。おしゃれでありながら自然体なライフスタイルも支持されていて、雑誌やテレビ等で活躍中。著書に『きょうのサラダ』『きょうのおつまみ』『きょうの一汁二菜』『きょうのごはん』(すべて小社刊)など多数。

オーブン料理 とっておき

著　者　野口真紀
編集人　泊出紀子
発行人　永田智之
発行所　株式会社 主婦と生活社
　　　　〒104-8357　東京都中央区京橋3-5-7
　　　　TEL 03-3563-5321 (編集部)
　　　　TEL 03-3563-5121 (販売部)
　　　　TEL 03-3563-5125 (生産部)
　　　　http://www.shufu.co.jp

製版所　東京カラーフォト・プロセス株式会社
印刷所　太陽印刷工業株式会社
製本所　小泉製本株式会社
ISBN 978-4-391-15077-3

落丁・乱丁の場合はお取り替えいたします。お買い求めの書店か、小社生産部までお申し出ください。

Ⓡ本書を無断で複写複製(電子化を含む)することは、著作権法上の例外を除き、禁じられています。本書をコピーされる場合は、事前に日本複製権センター(JRRC)の許諾を受けてください。
また、本書を代行業者等の第三者に依頼してスキャンやデジタル化をすることは、たとえ個人や家庭内の利用であっても一切認められておりません。
JRRC (http://www.jrrc.or.jp　Eメール: jrrc_info@jrrc.or.jp　TEL: 03-3401-2382)

© MAKI NOGUCHI 2017 Printed in Japan

お送りいただいた個人情報は、今後の編集企画の参考としてのみ使用し、他の目的には使用いたしません。
詳しくは当社のプライバシーポリシー(http://www.shufu.co.jp/privacy/)をご覧ください。

STAFF

アートディレクション・デザイン
鳥沢智沙 (sunshine bird graphic)

撮影
寺澤太郎

校閲
滄流社

取材
草柳麻子

編集
泊出紀子

撮影協力
ル・クルーゼ カスタマーダイヤル
TEL 03-3585-0198
www.lecreuset.co.jp

佐藤商事株式会社
TEL 03-5218-5334
http://www.satoshoji.co.jp